Los Cuentos

De

Juanita Sloggett

ISBN-13:978-1981935017
ISBNB-10:1981935010
Copyrights© por Juanita Sloggett
Editora: Ruth Nohemí Cardona Mazariegos
Licenciada en Letras / Universidad de San Carlos de Guatemala.

Primera edición y publicación, 2017
Editorial Buenabaj, Los Estados Unidos.

Todos los derechos reservados. Ninguna parte de este material puede ser reproducida de cualquier forma o por cualquier medio, incluyendo fotocopia y grabación sin permiso escrito del propietario del copyright. La autora es la única responsable de todo texto literario de este libro.

Este libro fue impreso en los Estados Unidos de América.

Para copias adicionales se puede hacer visitando, Amazon.

Agradecimientos

Dios y el universo, por haber conspirado para mantenerme firme y no decaer para finalizar este libro.

Amigo especial: Leonel Vicente, quien me apoyó en el proceso de redactar y editar este libro con mucho cariño. Mil gracias.

A mi esposo Lloyd.

A mis hijos: Andrew y Nicole, quienes han estado a mi lado en todo este tiempo que he trabajado en este libro.

Prólogo

Leer estos cuentos cortos es fascinante, ya que tienen mucho misterio. Su estructura es lineal, su narrador es omnisciente, todo esto hace que el lector imagine los hechos, como en el cuento de Pepita.

Por otro lado, la escritora relata una historia llena de misterio, principalmente con Nubeola, quien desea ayudar, pero no puede; aquí se podría decir que parece una utopía; sin embargo, Nubeola hace todo lo posible por ayudar a una población necesitada de agua; conviene hacer un llamado a cuidar más del medio ambiente, para tener del vital líquido.

El cuento corto de Rusty, el perro callejero, no porque nació en la calle, sino por la situación lamentable de sus dueños, esto le puede pasar a cualquier perrito, afortunadamente tiene un final feliz.

Estimado lector: te invito a leer estas historias llenas de misterio, realismo y aventuras.

Ruth Nohemí Cardona Mazariegos

Pepita
La Pingüina

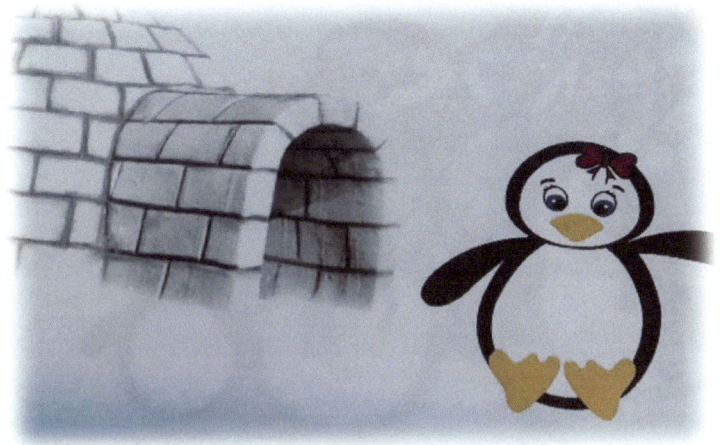

Lejos, pero muy lejos, para ser más preciso en el mismísimo Polo Norte, existía una familia de pingüinos.

La hija menor de esta familia se llamaba Pepita. Ella era una pingüinita muy traviesa y curiosa, cuyo audaz pensamiento era descubrir qué había del otro lado del mundoSu curiosidad era tan grande, que un día tomó la decisión de escaparse de su familia, por lo que decidió abandonar el grupo y salir a explorar.

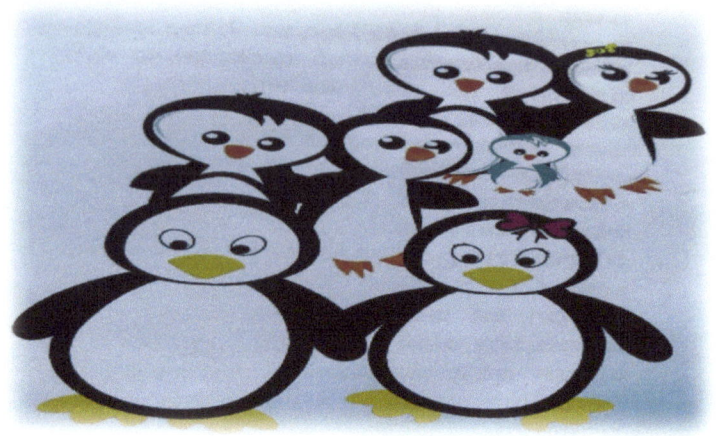

En el camino, Pepita encontró una cueva muy grande y haciendo gala de su valentía, entró. Todo estaba muy oscuro, sus ojitos no alcanzaban a ver ni siquiera sus propias patitas. Para saber si había alguien en la cueva, comenzó a gritar:

-¡Holaaaa, hay alguien aquí!

De pronto escuchó que una voz aguda retumbaba en el espacio diciendo:

-¡Holaaaa, hay alguien aquí!

Pepita descubrió que lo que escuchaba era el eco de su propia voz, que retumbaba en las paredes de la cueva, por lo que salió de ahí con la mejor de sus sonrisas.

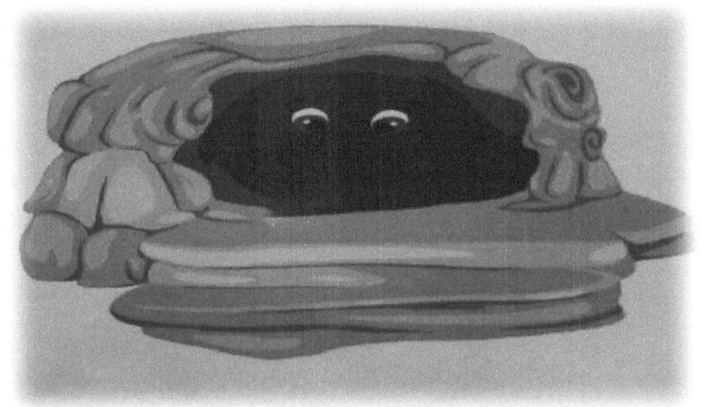

Pepita continuó su camino agudizando sus sentidos y disfrutando de cada detalle que observaba. Avanzó hasta que de pronto se dio cuenta que estaba cerca del mar.

Con el ánimo de descansar, se sentó sobre una roca a mirar cómo las ballenas y los delfines saltaban y jugaban entre la blanca espuma de las olas del mar.

Pepita estaba tan distraída que se asustó al escuchar una voz que le preguntaba:

-¿Quién eres?

-¿Cómo te llamas?

-¿De dónde vienes?

Sorprendida Pepita miraba a su alrededor tratando de descubrir quién estaría preguntando: ¿Quién era?, pero no consiguió ver a nadie.

Cuando estaba a punto de bajarse de la roca, volvió a escuchar la afinada voz y las mismas preguntas.

En un rápido movimiento miró hacia el mar y alcanzó a ver a un pequeño pececito de diversos colores. Al verlo, Pepita se acercó más a la orilla y le respondió:

-Me llamo Pepita, y vengo del Polo Norte, ¿y tú, cómo te llamas?

El pececito con su ingenua mirada le contestó:

-Me llamo Iris.

-¡Qué bonito nombre tienes!

-Mis amigos me llaman Arco Iris, porque irradio muchos colores en mi cuerpo.

Felices de ser amigos, Iris invitó a Pepita a jugar en el mar, pero Pepita no sabía nadar, entonces Iris le dijo:

-No te preocupes Pepita, yo te voy a enseñar.

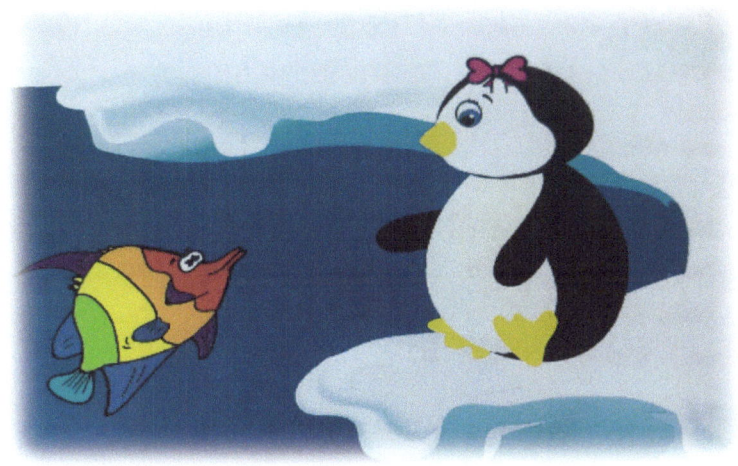

Poco a poco, con la ayuda de Iris, Pepita fue entrando al mar y tomándole confianza, hasta que sin darse cuenta, comenzó a nadar, saltar y jugar junto a las ballenas, delfines y otros pececitos.

El tiempo transcurría y era hora de partir. A Pepita le hubiese encantado continuar jugando con Iris, pero tenía que despedirse y continuar su camino, por lo que se dieron un fraternal abrazo y se despidieron. Iris le dijo a Pepita:
-Algún día que quieras regresaré cerca del mar, solo llámame por mi nombre y aquí estaré.

Pepita continuó su marcha y poco a poco fue oscureciendo. En el camino comenzó a sentir cansancio, y entre sombras alcanzó a divisar una luz.

Pepita continuó con cuidado, hasta lograr ver cuatro osos sentados alrededor de una fogata. Era la familia Oso: osa mamá, oso papá y los dos hijos ositos.

Con su conocida valentía, Pepita le dijo:

-Holaaa, me llamo Pepita, ¿Puedo calentarme en el fuego?

Ante esto, el papá oso, con voz muy firme le respondió: -Bien, pero solo por esta noche.

La mamá osa, llena de ternura le dio un lugar cómodo para que pasase la noche. Por supuesto que los ositos saltaron de alegría.

Pepita se acomodó junto a la familia oso y desde ahí comenzó a divisar las constelaciones de un estrellado cielo, mientras la brillante luna los alumbraba.

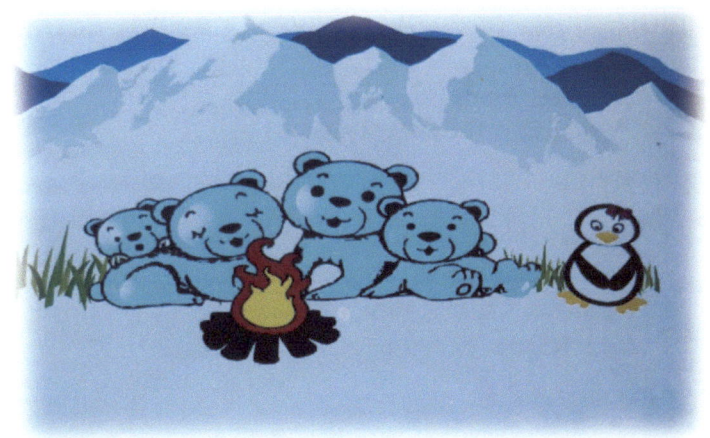

Al día siguiente, Pepita despertó, papá oso le dijo que si quería podía quedarse con ellos, por lo menos un día más. A lo que Pepita respondió:

-Muchas gracias papá oso, pero debo volver a casa, mi familia debe estar preocupada buscándome.

Pepita agradeció la gran bondad de sus nuevos amigos, pronto se despidió, no sin antes prometer que algún día volvería.

Pepita emprendió su camino, tratando de orientarse, sin conseguirlo.

Era normal, que por su travesura no sabía cómo retornar a casa. A estas alturas, comenzó a extrañar a su familia y a sentirse muy sola.

Sacando valor continuó su retorno a casa, caminado y caminando hasta que tropezó con un gran sombrero negro.

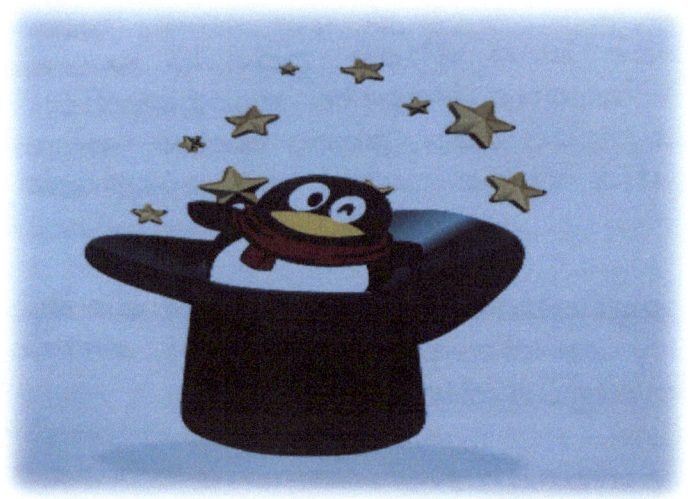

Sorprendida de su hallazgo y llena de curiosidad se acercó y lo levantó.

¡Qué sorpresa!
Saltó un pingüino, dos, tres y van cuatro pingüinitos.

Ante esto, Pepita se sintió feliz y comenzó a jugar con ellos, por un largo tiempo.

-Ven con nosotros Pepita, te vamos a llevar donde tu familia;
-le dijeron los pingüinitos.
Pepita aceptó ir con ellos, siguió sus pasos y de repente divisó un grupo grande de pingüinos. Vio a su familia, mamá, papá y sus hermanitos.

Pepita comenzó a correr hacia ellos, mientras su pequeño corazón latía aprisa, entre su acercamiento gritaba de felicidad. Lo cierto es que Pepita abrazó a sus padres y a sus hermanos, y muy adentro de si se repetía:
-Jamás me separaré de ellos.

NUBEOLA
LA NUBECITA

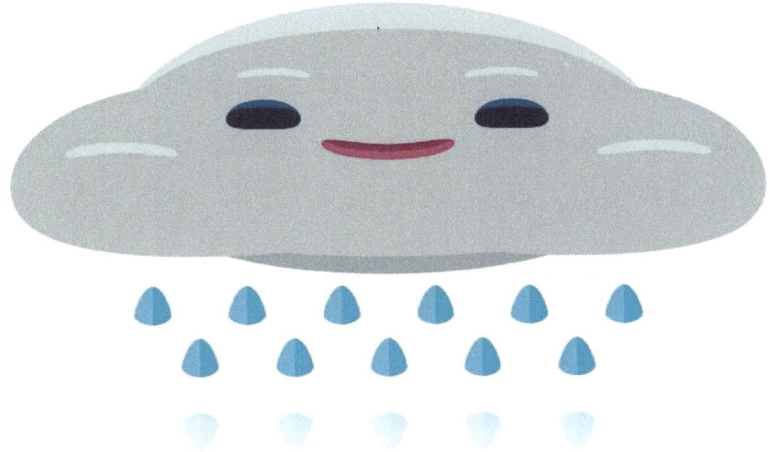

Muy arriba en el cielo se encontraba una nubecita muy pequeñita que se llamaba Nubeola. Por ser tan pequeñita procuraba estar rodeada de nubes más grandes que ella; le fascinaba ver que las nubes enormes podían hacer que lloviera, producir relámpagos y crear tormentas. En cambio, Nubeola era tan pequeña que no sabía ni siquiera cómo hacer una ligera llovizna.

Cierto día, Nubeola se apartó un poco de las demás nubes y comenzó a mirar hacia abajo y en su afán de ver lo que había, se quedó largo rato atisbando.

De pronto, alcanzó a observar un pueblo con hermosas praderas, donde todo era verde, grandes árboles, ríos y lagos con aguas cristalinas, donde los peces saltaban y hacían carambolas.

Fascinada se colgó aún más y alcanzó a ver que los pajaritos que descendían y bebían furtivamente de los estanques, donde los patitos nadaban detrás de mamá pata, formando una singular fila; y lo mejor, a la gente que habitaba en ese pequeño pueblo se les veía complacidos y felices.

A partir de ese momento, Nubeola tomó por afición estar siempre en el mismo lugar, contempló hacia abajo al pequeño pueblo que cautivó su atención. Al ver la felicidad que existía en este lugar, le hacía sentir complacida.

Y así, el tiempo transcurrió, los meses pasaron hasta que un día, por el excesivo sol, los ríos y los lagos empezaron a secarse, las hojas de los árboles caían al viento, y las cosechas al no recibir agua, comenzaron a perderse. Nubeola se preocupó y buscó a sus amigas, las nubes más grandes, pero estas andaban muy lejos, por otros poblados. Sola y sin saber cómo ayudar al pequeño pueblo que la cautivó con su felicidad comenzó a soplar con fuerza en el afán de refrescar el valle. Pero ella era tan pequeña que el viento que ocasionaba no llegaba a ser ni siquiera una pequeña brisa.

Nueola pensó nuevamente en sus amigas, ellas debían estar más al Norte, porque por allá siempre llueve y hay muchísimas tormentas, así que comenzó a viajar a través del cielo, por varios días y varias noches hasta que logró localizarlas.

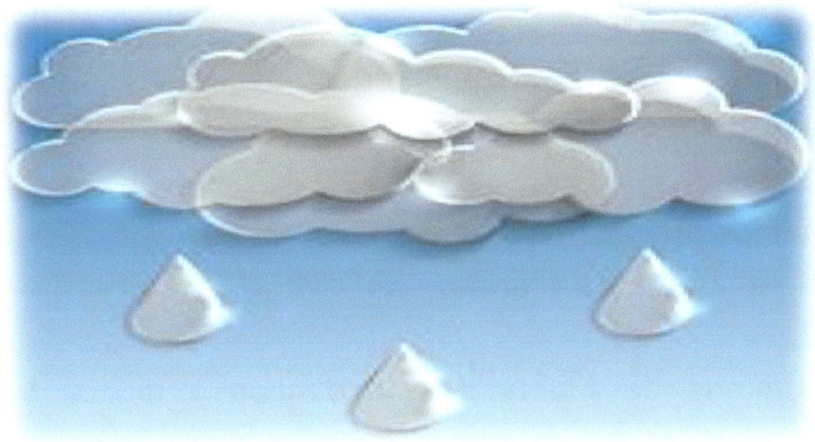

Por favor amigas, ¡ayúdenme! Tengo un problema muy grande. No sé cómo ayudar a un pequeño pueblo que está hacia el Sur, no tengo suficiente fuerza para hacer que llueva, ni tampoco fuerza para soplar viento, se están muriendo las plantas, los árboles no se han podido cosechar, no hay alimentos; los ríos y los lagos están casi sin agua, el ambiente está muy caliente. ¡Les suplico que me ayuden!

Entonces las amigas de Nubeola comenzaron a preguntarse entre sí:

-¿Qué hacemos?

¿Cómo podemos ayudar a este pequeño pueblo del Sur muy lejos de nosotras? Tomaron la decisión de dirigirse hacia el Sur y lo hicieron a grandes velocidades, atravesando montañas y valles. Al llegar pudieron ver desde el cielo la gran sequía que sufría el pueblo pequeño.

-Tenemos que actuar con rapidez,
-dijo, la nube más grande.

Las amigas de Nubeola comenzaron a unirse y se fueron haciendo oscuras, formaron una tempestad y muchos relámpagos, hasta que comenzó a caer una tenaz lluvia que duró varios días.

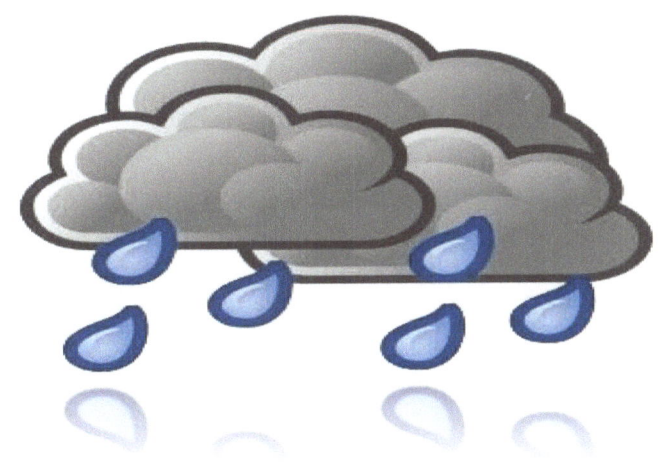

Nubeola veía desde arriba como poco a poco los ríos, lagos y lagunas, poco a poco fueron llenando de agua. Los niños salían de sus casas a jugar con la lluvia, los patitos nadaban en el estanque y los pajaritos cantaban alborozados hasta que el valle comenzara a transformarse, mostrando aquel radiante color verde.

Nubeola y sus aliadas se abrazaron felices al ver todo el bienestar que le habían devuelto al pequeño pueblo.

-Es hora de partir, pero antes debes aprender a hacer llover, a formar tormentas, relámpagos y a soplar fuertes vientos para que puedas socorrer a tus amigos, aun cuando estés sola pequeña Nubeola, le dijeron.

Y así Nubeola, después de instruirse con los consejos de sus amigas, les contó su decisión de quedarse a vivir en ese lugar. Con la promesa de volver algún día, se despidieron y a partir de ese momento Nubeola permanece mirando hacia abajo a aquel hermoso pueblito que la hizo palpar la felicidad.

RUSTY
EL PERRITO CALLEJERO

Era un día de invierno. Había un perrito llamado Rusty que vivía con una familia muy humilde que no tenía que comer. Luego un día, ellos tomaron la triste decisión de abandonar a Rusty, poniéndolo en una cajita de cartón a un lado de la calle muy traficado, para que alguien lo viera y lo adoptara.

Rusty veía gente pasar. Estaba tan asustado. Y se escondía muy adentro de la cajita. Se acercaba la noche con un frío terrible. De repente escuchó un sonido muy fuerte, pero muy fuerte. Como Rusty era un perrito muy curioso, se salió de la cajita y empezó a caminar hacia donde el sonido venía, poco apoco fue acercándose hasta que de pronto se encontró con un gato de grandes ojos de color verde y de orejas grandes de color gris. Rusty le preguntó al gato: ¿Quién eres?
Me llamo Henry,
-respondió el gato.
Y continuó con sus preguntas:
¿Qué haces, por qué tanto ruido?

Henry contestó: estoy buscando algo de comer, la gente bota basura por las noches, y este el mejor lugar para encontrar comida.
¿vives por esta área?
Henry respondió, ¡no!.
Yo no tengo una casa donde dormir, esta es mi casa, la calle. Rusty se quedó pensando muy preocupado, entonces yo no tengo casa también.
Henry le pregunto:
¿Quiénes son tus dueños, por qué estás aquí?
Rusty con ojitos tristes contestó: mis dueños me abandonaron en esta cajita para que alguien me encontrara y me adopte, porque son pobres y no tenían para comparar comida.
Henry le dijo:
Vamos te voy a presentar un grupo que conozco, ellos son muy buenos divertidos.
Entonces los dos caminaron juntos y tenían que pasar en un largo puente, donde era grande el peligro que Henry conocía. Después de cruzar el puente durmieron juntos en un callejón, hasta al otro día. Rusty tuvo el placer de conocer a los amigos de Henry: era un gato llamado César, y dos perros llamados Julio y Rosca. Todos ellos le enseñaron a él cómo pedir comida en las calles. Nos observas y luego haces lo mismo que

nosotros hacemos para sobrevivir, ¿estamos en eso?, si, está bien,-dijo Rusty.

Empezaron a caminar por las calles, y de repente se detuvieron y dijeron, vamos a pararnos en frente de esta gente que están comiendo, y no te muevas por un rato, y vas a ver como ellos nos darán de comer. Entonces Rusty practicó lo mismo cerca de una familia con dos niños que estaban disfrutando nieve; no se le hizo posible la nieve ese día. Rusty no tuve suerte nadie le dio de comer. Había llegado la noche y regresaron donde Henry, le mostró la basura para esperar algo de comer, encontró mucha comida, comió hasta que se sintió lleno y feliz. Luego se durmió junto a sus amigos. Pasaron días y días, Rusty viviendo en la calle con sus amigos protegiéndose de peligros, y a la vez habían días muy divertidos. Iban juntos al río a disfrutar el agua muy fresco. Después, él preguntó a sus amigos si conocían un parque grande, porque recordaba que sus amos iban a jugar al parque. Henry dijo que conocía uno cerca de donde habitaban.
Vamos todos, -dijeron.
Entonces llegaron al parque con altos árboles. Jugaron un poco de todo, y persiguieron mariposas que vuelan alto, y ardillas que subían en los árboles. Después regresaron al río a jugar con pececitos. Cuando

terminaron de divertirse, Rusty se sentó a lado de un pequeño árbol muy triste. Ya estaba cansado de vivir en las calles. De repente escucharon el movimiento de un grupo de personas que llegó al parque para un picnic. Un niño se acercó al río, y Rusty lo siguió muy contento, y él sino contento lo acarició. Luego el niño corrió a donde estaba su mamá, y le dijo: "¡mamá, mamá! Hay un perrito en el río, quiero que lo conozcas, ven a verlo por favor". Entonces la mamá siguió a su hijo, y vio a Rusty moviendo su colita muy feliz. El niño preguntó a su madre; "¿puedo jugar con el perrito?" la madre respondió diciendo, ¡no! El pequeño soltó gritos de lloradera, entonces mamá le dijo; "está bien". Voy a mirar su collar si tiene nombre, "su nombre es", Rusty.

Los amigos: César, Julio, Rosca y Henry, los que estaban perdidos como él, los invitó a jugar el niño generoso. Y la familia completa pasaron una tarde muy divertida. Llegó la noche en ese día, y el niño se despidió de Rusty y sus amigos. Prometo regresar, y espero que aquí estarán para jugar otra vez, -dijo el niño.

¡Bye, bye Rusty! Nuevamente se sintió triste, solo sin ningún hermano que le recoge y le dé calor de amor.

Sus amigos lo consolaron y le dijeron: no estas solo, nos tienes a nosotros.

Rusty sonrió, y les dijo que les quería mucho. Salieron del parque a buscar un lugar seguro para dormir. Era una noche con mucho frío y sin luz que reflejaba las calles. Encontraron un lugar que les pareció cómodo de bajo de un puente.

Al otro día se despertaron con mucho hambre. Salieron a buscar comida en los basureros. En un basurero de restaurante encontraron comida. En las calles de la ciudad había un festival de museo con mucha gente. Él y sus amigos se sintieron extraños y curiosos de encontrar con tanta gente. En un descuido Rusty, se perdió y no encontraba a sus amigos. Con la desesperación y soledad de él no sabía a dónde ir. Se acordó del camino que va al parque; finalmente lo encontró después de una larga búsqueda. Dormía bajo un árbol mientras pasaban los días. Presentía que muy pronto regresaría la familia al parque. Esperaba y esperaba hasta que apareció la familia con el maravilloso niño. El perrito y el niño se abrazaron con mucha ternura. El pequeño amigo pidió a su mamá que adoptaran a Rusty, la madre dijo: -está bien hijo. El perrito se arropó de felicidad y con un sonrisa radiante en su rostro. Entre la felicidad aparecieron los amigos en busca del amigo perdido; le dijo al niño, "Yo no puedo dejar a mis amigos solos, ya que ellos me ayudaron a sobrevivir en las calles peligrosas". La familia entera dijo: "tenemos una casa muy grande, los amigos de Rusty también pueden venir".

Rusty y sus amigos Henry, cesar, Julio y Rosca vivieron muy felices con una familia generosa que los adoptó.

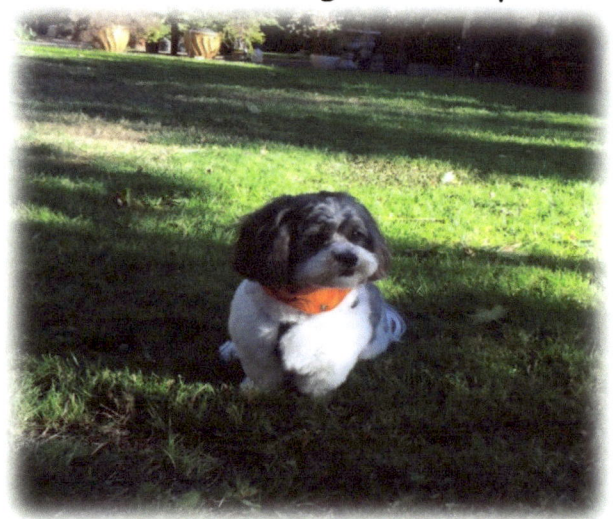

Un final feliz

LOS CUENTOS DE JUANITA SLOGGETT

www.ingramcontent.com/pod-product-compliance
Lightning Source LLC
Chambersburg PA
CBHW040302220526
45473CB00002B/559